Você está na lista vip de Deus

Alexandre Nolleto

Planeta

3 COISAS

1. Você vale a pena.
2. Na vida tem lugar para você.
3. Sinta-se convidado a viver intensamente.

Deus é o anfitrião.

POR QUE ESCREVO

Escrevo para motivar as pessoas, para inspirar e para ser ajuda por meio de uma mensagem. Escrevo, sobretudo, para ser instrumento de Deus na vida de quem precisa.

Mas escrevo também para mim mesmo. Em desabafo, para expressar felicidade, tristeza e até para buscar respostas. Um dia eu pensei: se Deus fosse um objeto, Ele seria um livro. Então imaginei: por que não espalhar esse livro pelo mundo afora?

E é exatamente o que quero. Multiplicar Deus por todos os cantos desse mundo.

Sabe, eu estou numa eterna busca da melhor versão de mim mesmo, da minha verdade e sobretudo de aprimorar a hostidade da minha alma para com isso assumir de vez a minha liberdade e as minhas escolhas, sem receios dos prejulgamentos e da opinião alheia. Eu estou longe de ser perfeito e de praticar tudo o que escrevo. Mas eu fui escolhido por Deus para essa missão e eu aceitei o seu chamado. Eu me sinto um agraciado por receber inspiração divina todos os dias. Sei bem que frase bonita e boa intenção, sem ação, é mera ilusão, mas acredito que só o fato de ler, pensar e imaginar antes de escrever, me aproxima de alguma forma da prática. Eu escrevo para isso, para me encontrar cada vez mais, para me transformar num ser humano melhor a cada dia, para atingir o máximo do meu estado de amorosidade e com isso poder transformar o mundo ao meu redor. Se uma pessoa somente for impactada e transformada num ser melhor e conseguir por meio das minhas palavras ser mais resiliente, amorosa, feliz e plena, eu já terei cumprido a minha missão.

Os dons não são meus
Nem os talentos são seus.
E mesmo que duvidem os ateus
É tudo emprestado por Deus.

Introdução

Em 15 de julho de 2017, o autor publicou a seguinte frase em seu perfil do Instagram:

"Moça, você faz parte da lista VIP de Deus e isso é o que importa". Momentos depois, recebeu uma comovente mensagem de uma leitora relatando que aquela frase a fez refletir e a encorajou a desistir de cometer suicídio.

Diante desse impactante acontecimento, o autor percebeu o quão poderosas e transformadoras são as palavras quando escritas de maneira didática, simples, e algumas até com rimas. As reflexões propagam as inúmeras lições que Jesus nos ensinou. São palavras milagrosas, capazes de tirar pessoas de um profundo estado de tristeza, depressão e resgatar nelas o gosto pela vida e a força necessária para a busca de uma evolução espiritual.

Em *Você está na lista VIP de Deus* o autor se dirige ao leitor como se fosse a própria personificação de Deus. Didaticamente dividido em 5 partes (1. Ele te conhece, 2. Ele te perdoa e te aceita, 3. Ele te ama, 4. Ele te cura e 5. A lista VIP), o livro traz uma linguagem simples com o intuito de fazer com que as palavras cheguem de uma forma direta ao coração daquele que está lendo e consiga tocar sua alma naquilo que mais necessite. São construções em prosa e verso que buscam despertar a FÉ e recuperam a alegria de viver, com mensagens que estimulam o amor, o autoperdão e o recomeço.

Você está na lista VIP de Deus já começou salvando vidas.

Marcelo Nolleto

SUMÁRIO

Ele te conhece	15
Ele te aceita e te perdoa	55
Ele te ama	95
Ele te cura	133
A lista VIP	215

CAPÍTULO 1
ELE TE CONHECE

QUERIA TE DIZER UMA COISA

Apesar de tudo o que já superou, você tem enfrentado dias difíceis e de muita angústia. Eu sei, não tá fácil, mas o relógio não para pra ninguém e o mundo não vai deixar de girar. Por isso, a sua força pra continuar tem que ser ainda maior. É preciso seguir, com fé e de mãos dadas comigo. O plano não é ser feliz? Pois não vamos desistir. Você já chegou até aqui. Já foi longe. Acredite, tá perto. Tá chegando a sua hora. E sabe por que eu sei disso? Porque todos que conseguiram fizeram uma única coisa: não desistiram. O seu universo é o mesmo daqueles que venceram. E ele é justo. Você oscila, mas ele não. Eu sou obstinado e não vou desistir de você. Confia e depois me conta o final feliz dessa história, com aquele sorriso lindo no rosto que eu sei que você tem.
    Combinado?
    Beijo no coração.

Ass.: Deus

Minha flor,

eu sei que a tua fé está exausta, mas a tua raiz é forte.
Confia, você há de vencer essa tempestade. Eu te fiz
pra se ramificar num lindo jardim de reciprocidade e só
desabrochar onde te regarem com amor.

Ass.: Deus

Dúvida, medo, angústia, ansiedade, culpa, desânimo... tristeza, dor... falta de esperança. Ei, Ele sabe que tem tudo isso dentro de você e que isso tem encolhido a sua alma a cada dia. Escute: não desista hoje! Ele mandou dizer que logo, logo isso vai passar e que o seu coraçãozinho apertado vai virar um coração cheio de alegria, amor e paz.

Calma! Não se angustie.

Só eu sei o quanto você já sofreu para ser a solução dos problemas de muitos. Só eu sei o quanto precisou chorar para ser o sorriso de outros e o quanto já teve que perder para fazer outros ganharem. Agora chegou a sua hora de voar e ser feliz. Não tenha medo do incerto. O incerto muitas vezes é o mais certo para você. Então vai! Força, foco e fé. Eu te protejo por todo o sempre.

Ass.: Deus

Só lê e acredita, tá?

Deixa eu te dizer uma coisa: eu imagino que aí dentro não está nada fácil. Mas, por favor, nem pense em desistir. O universo não seria tão bonito sem o teu brilho. Aguente firme e anote: a tua luz vai reacender e iluminar muita gente ainda. Beijo.

Ass.: Deus

Ninguém conhece as tuas causas.

Não sabem os teus porquês.

Não vivem os teus dramas.

Não escutam os gritos da tua alma.

Eles não sentem o teu coração acelerado.

Muito menos o teu peito apertado.

Ninguém nunca vai saber o quanto que tu suportas.

A tua dor é única e não podem julgar,

porque ninguém pode sentir por você.

E olha que incrível: você ainda sorri!

Você é tão guerreira!

Ela tem dias difíceis, sim. Mas ela tem a alma de fênix e o coração de borboleta. Já já ela renasce, rompe o casulo e volta a voar lindamente.

Por todos os lados tem gente te criticando, te rotulando, te prejulgando, te sugando e te invejando. E a gente aqui só escapa bem de tanto mau-olhado porque sabe que lá de cima tem um olho bem maior do que todos, te protegendo e te abençoando a cada segundo.

A MOÇA RESILIENTE

Ninguém vê, mas dentro dela tá uma bagunça. E o pior, não há tempo de fazer faxina. Todo dia é assim: de frente para o espelho, ela olha nos próprios olhos e decide duas coisas para a sua vida. Se perdoar pelo ontem e se reinventar para o hoje. Então, ela sacode a poeira e sai para viver intensamente mais um dia como se fosse uma vida inteira.

Ei, senta aqui pra eu te dizer uma coisa:

Deus te escuta sempre, mas Ele só responde na hora certa.

Bota um pouco de calma nessa ansiedade, tá?

SÓ ELE SABE

Calma, você não está sozinho. Sempre há pessoas com gasolina na alma para ser o combustível que tu precisas para seguir. São esses anjos que vão abastecer a tua alma e o teu coração de amor, luz e felicidade. Calma, eu estou aqui!

Ass.: Deus

Nunca lamente um desencontro. Pode ter sido um livramento ou, quem sabe, foi Deus te preparando para encontros mais incríveis. Deus te escuta até mesmo quando você não consegue mais gritar.

Você é tão incrível, tão bonita, importante para tanta gente. Você é suficiente, tão plena, tão capaz. Você é luz e inspiração. Tem o coração tão bom. Você é tudo isso, sabia? De verdade. Eu acho e ponto! Falta só você achar também.

Oi! Se alguém não te disse isso hoje, eu vou te dizer: você tem a alma linda. Seu olhar é cheio de vida. Você transborda amor. Que coração honesto e puro você tem. Você merece muito ser feliz. Só quem te conhece sabe a luz que carrega o teu espírito. Você é linda e vale muito a pena, sabia? De verdade.

Menina, lute e não olhe para trás. O que tem aí dentro só Deus conhece, e Ele já pôs a mão.

OXENTE, MENINA

Tu sempre teve a alma livre, o coração independente e duas pernas lindas para fazer o teu destino. Cair faz parte. Levanta e continua, porque plena tu já eras dentro do casulo, imagina fora que tu podes voar. Ninguém te segura, menina.

EU SEI

A tua sorte começa às 6h da manhã, engole sapo o dia todo, aguenta porrada, cai, levanta, aceita perder, é resiliente, tolera a crítica dos invejosos e etc. A tua sorte continua no outro dia desse mesmo jeito. Ela é feita de suor, trabalho, fé e Deus.

Não adianta, ninguém sabe o que você está passando, muito menos o quanto você merece superar e ser feliz. Por isso, só levanta a cabeça e segue, que Ele já calçou os teus sapatos e está indo na frente abrindo os melhores e mais abençoados caminhos para você.

Você tem evoluído tanto... Ele está orgulhoso de você. Só continue. O melhor está a caminho.

Ei! Tem hora que tudo parece estar dando errado, não é mesmo? Mas te garanto: não está. Tenha calma, é Deus escrevendo certo por linhas tortas.

Faz assim: olha pra trás e vê o tanto que você já evoluiu. Você vai conseguir atravessar este vale de lágrimas e logo, logo receberá a bênção da vitória. Está escrito!

Eu sei, ela é imperfeita, mas é de verdade.

Ass.: Deus

A MENINA DOS OLHOS
DE ESPERANÇA

Ela contempla o universo, o sol, o mar e a lua. Ela é sentimento pleno, à flor da pele. Ela gosta de brindar a vida na sua discrição. A festa é sempre maior dentro dela. De sorriso tímido tem um olhar misterioso e intrigante, mas quando você se aproxima da sua alma percebe que são apenas olhos de esperança: numa vida plena, romântica e feliz.

Ei!
Deus viu
Sentiu
E já agiu.
Vai passar.
Confia.

CONTINUA SENDO FORTE

Eu sei que choras em silêncio porque tens que parecer forte para os que precisam de ti. Eu sei que o sofrimento é dobrado, mas eu escuto, choro e sinto a tua angústia. Acredita. Nada vai abalar a tua fé. Continua sendo forte que o teu sorriso há de voltar para esse rosto lindo.

Ass.: Deus

Ninguém percebe, mas Ele sabe que o silêncio dela é um grito dentro do peito pedindo socorro.

Por fora, é bonita, educada, competente, sensível, encantadora e contagia a tudo e a todos com a sua energia.

Uma verdadeira fortaleza.

Mas por dentro, tá só o caco.

E ninguém vê. Somente Ele! E vida que segue.

Amanhã é outro dia.

Do jeito que vem, passa! Acredite. Nenhum sofrimento é maior do que a vontade de Deus de te fazer feliz.

Na lógica Dele o que pareceu dar errado já deu certo!

Calma, eu estou aqui. Fica tranquila,
eu estou vendo a tua luta.

Ass.: Deus

Filha, eu não te sigo no Instagram. Eu te sigo na vida.

Beijo.

Ass.: Deus

O CONVITE

Você não se lembra, mas quando Ele te convidou pra cá,
Ele disse que seria muito difícil, mas que você iria superar.
Daí você apenas olhou pra Ele e disse: eu topo!

Ela é a rainha do baile sem glitter e sem máscaras. É a rainha do baile sem make e sem filtro. Ela tem mania de se enfeitar de honestidade e de se fantasiar de verdade.

Ela só é reservada e tímida aos olhos de quem não a conhece, mas lá no fundo pulsa um coração destemido e com sede de amar alguém que, simplesmente, a faça mais feliz do que ela mesma consegue ser sozinha.

Eu sei que as batalhas mais duras você trava com o seu próprio eu.

Sei também como tem sido lindas as tuas vitórias, como você tem evoluído e como Deus tem tido orgulho de você.

CAPÍTULO 2
ELE TE ACEITA E TE PERDOA

ORAÇÃO DA AUTOACEITAÇÃO

Pai, eu não quero provar nada pra ninguém, nem mesmo pra mim. Eu simplesmente aceito tudo o que eu tenho e o que eu sou. Eu só te peço calmaria no coração e alegria na minha alma. Que a cada dia eu esteja mais forte, mais resiliente e feliz. Gratidão. Amém.

É lindo quando a maturidade te escancara o que tem por trás da vida de aparências e te mostra que o segredo está em reconhecer que somos todos imperfeitos e que devemos nos perdoar por isso.

Não se importar é decidir que a tua felicidade não depende do "Sim" ou do "Não" de ninguém.

Moça,
receba a tua tristeza, abraça a tua dor e não atropela as tuas incertezas. A tua paz é sagrada e o teu destino não tem pressa. Paciência. O que é teu está guardado e abençoado.

DEUS TE DIZ EM VERSOS

Pare de se culpar

E de querer ser o seu próprio vilão.

Ninguém pode te condenar, se eu já te concedi o perdão.

Não caia nesta tentação

E alivia o teu coração.

Porque não importa o tamanho do teu pecado,

Eu sempre estarei ao teu lado.

VOU TE FAZER UM PEDIDO

Tenha paciência com a sua tristeza. Se perdoe por não estar bem e aceite esse momento ruim. Não se preocupe com mais ninguém. Este momento é todo seu e requer total atenção sua. Não se culpe. Não se cobre. Eu lhe garanto uma coisa: não vai ser fácil nem rápido, porém não é impossível. Vai ser difícil mesmo, mas vai passar. Por favor, não se condene, não se puna mais. Eu lhe peço apenas uma coisa: paciência, porque vai passar!

VOCÊ É IMPERFEITO, MAS É DE VERDADE

Chega de dor, chega de se culpar. Você é humano, é imperfeito, mas é de verdade. Errou, no entanto já acertou muito mais. Vem viver a tua segunda chance. Descanse, ressignifique e recomece. Eu te aceito e te liberto aqui e agora.

Ass.: Deus

Você chegou até aqui. Que coisa maravilhosa! Melhor ainda se der tempo de ler esta mensagem: quero só dizer pra você descansar a tua consciência em mim e se perdoar pelo que ainda não aconteceu até hoje. Tudo vai se encaixar e amanhã você começa do zero, tá? Fica bem.

Ass.: Deus

Oi, tem dia que nada dá certo, não é mesmo? Perdoe o universo, se perdoe, aceite e escute aqui: o "ciclo da maré ruim" também acaba. Pois eu declaro que hoje começa o seu círculo virtuoso, o seu ciclo da sorte e das boas notícias.

Ass.: Deus

Deus: "Como ela é?"

"Estria, celulite, barriguinha, peito normal (gravidade atuando), bumbum mais ou menos (mas natural), coração gigante e a alma linda."

Deus: "Nossa. Apaixonei!"

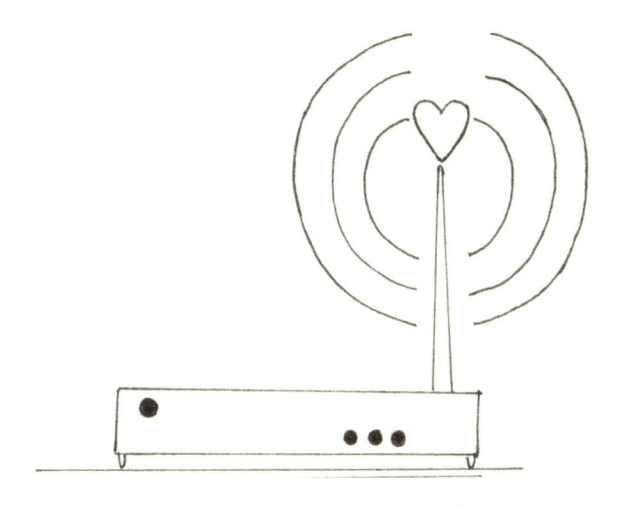

O amor é a senha que te conecta ao Wi-Fi de Deus.

Fica tranquilo, porque uma coisa é certa: você tem o suficiente e Ele cuida do que faltar. Multiplica a tua fé e se apaixone por sua vida. Ainda tem muita coisa boa chegando. Creia.

Para de alimentar a tua dor com expectativas. Respeita a tua dignidade. Aperta o botão de reset e te reinicia. Vamos lá! Recomeça forte, confiante e linda como você sempre foi.

Ei, Deus não te segue nas redes sociais, te segue na vida. E o bom é que não precisa de internet pra se conectar a Ele. Aqui, o Wi-Fi é oração e a conexão nunca cai. Basta ter fé.

Moça,
você não é máquina de resiliência. Você é de verdade,
imperfeita e frágil. É assim mesmo. Tem dia que o coração
está exausto e que a fé pede um descanso. Tem dia que
a gente não tem força nem pra fingir ser forte. Então
descansa. Hoje não é preciso seguir o baile.

Muitas vezes o que você combinou com você não vai dar certo. Não se angustie. É Ele escolhendo o melhor para a sua vida.

A maturidade te faz enxergar que primeiro é preciso se blindar para conseguir estar em paz diante das energias ruins que vibram o tempo inteiro em nossa direção. A maturidade te ensina que uma boa forma de se blindar é exercendo "miniperdões" durante o dia: perdoar a fala mal colocada do amigo, o prejulgamento de quem mal te conhece, a agressividade de algumas pessoas, a imaturidade de outras, enfim... Perdoar, perdoar e perdoar, porque o que realmente importa é a tua paz interior e o resto deixa que a lei do retorno há de cuidar.

SOBRE SER FORTE

Ser forte é se reconciliar consigo mesmo, é se perdoar e ressignificar todos os dias. Ser forte é multiplicar o seu amor-próprio, é aceitar o sofrimento e ver nele não o fim, mas o início da tua evolução. Ser forte é cair num dia difícil, mas levantar, sacudir a poeira e ressurgir como fênix no dia seguinte. Ser forte é decidir não ser sepultado antes de morrer de verdade. Ser forte é simplesmente escolher viver.

Sim! Tem dia que ela desaba, que ela chora e quer sumir. Tem dia que ela oscila mesmo, que não quer ser forte e nem seguir o baile. Tem dia que ela só quer ficar sozinha em silêncio. Apenas respeite.

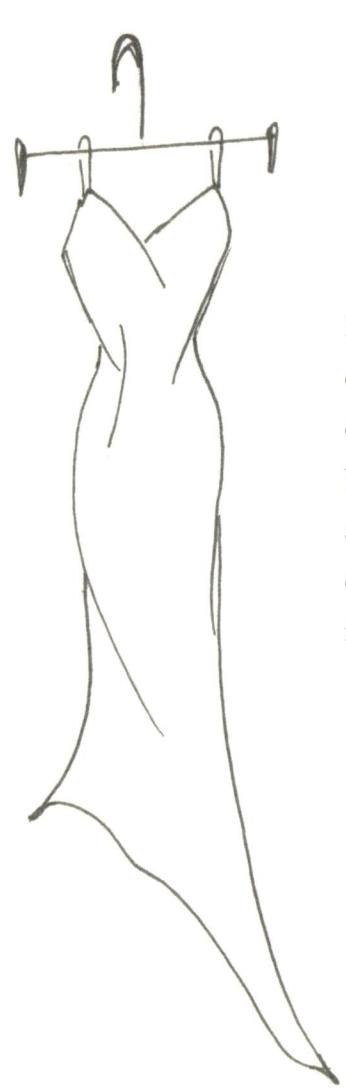

É tão lindo quando a gente entende que depois de uma decepção a vida continua e o baile segue. E mais lindo ainda é acreditar nas voltas que o mundo dá e que a lei do retorno não falha com ninguém.

Ass.: Deus

Ei, calma!
O mundo dá voltas.
O inverno passa.
A semana termina.
O sol se põe.
O ano acaba.
Vai passar.
Tudo passa.

Filha, coloque uma coisa nessa sua cabecinha: o que realmente importa é a beleza da alma. Essa, sim, nunca vai envelhecer.

Moça,

tudo passa, inclusive a pressa pra querer ter alguém pra chamar de amor. Por isso, sem ansiedade. Se não for na balada, vai ser na fila do pão ou numa esquina qualquer da vida.

Ei, faz assim: se perdoe só por hoje. Daqui a pouco você consegue se perdoar por uma vida inteira.

De gente pra amar o corpo o mundo já está lotado, mas que esteja disposto a amar a alma... eu me candidato, tá?

Ass.: Deus

Para a sua sanidade mental, nunca compare a sua vida com a foto de rede social de ninguém.

Para Ele, sempre haverá um amanhã, um recomeço e um milagre reservado para você.

DECRETO DE DEUS

Estou neste momento cancelando qualquer sentimento ruim ou de culpa por algo que não deu certo até aqui e estou, agora mesmo, te preenchendo das melhores energias e de paz em abundância. Eu sou suficiente. Eu te faço plena.

Ass.: Deus

Cansada?

Então, relaxe e descanse, porque Ele nunca vai cansar de você.

Você tem evoluído tanto. Deus tá vendo, sabia? Seja mais mansa com você e suavize essa angústia.

Ele foi traído, foi negado e foi humilhado. Mas Ele perdoou e amou. Renasceu e recomeçou. Ele seguiu o "baile", ainda mais forte. Ele é você, sou eu, somos todos nós na vida.

Filha!

Não tem mais onde doer em você. O teu coração não merece mais essa angústia. Teu peito já não suporta mais tanto aperto. Até quando você vai se submeter? Até quando você vai fingir que está tudo bem? Até quando você vai enganar seu corpo, a sua alma? Para de se castigar. Para de falsificar a sua identidade, a sua felicidade. Sai desse cativeiro! Sai dessa prisão sem grades. Sai desse poço fundo e escuro. Sai agora! Eu estou aqui pra te ajudar a sair. Filha, talvez nem você mesma saiba o quanto merece ser feliz. Então, faz assim: não aceite nada que não seja mais do que você oferece para aqueles que, no fundo, não merecem 1% da tua dedicação, tudo bem?

Liberta a tua alma dessas correntes e vai ser livre. Eu te guiarei. Fica tranquila.

Ass.: Deus

Menina,

por mais apertado que esteja o teu coração, saiba que nele sempre haverá espaço para uma grande história de amor.

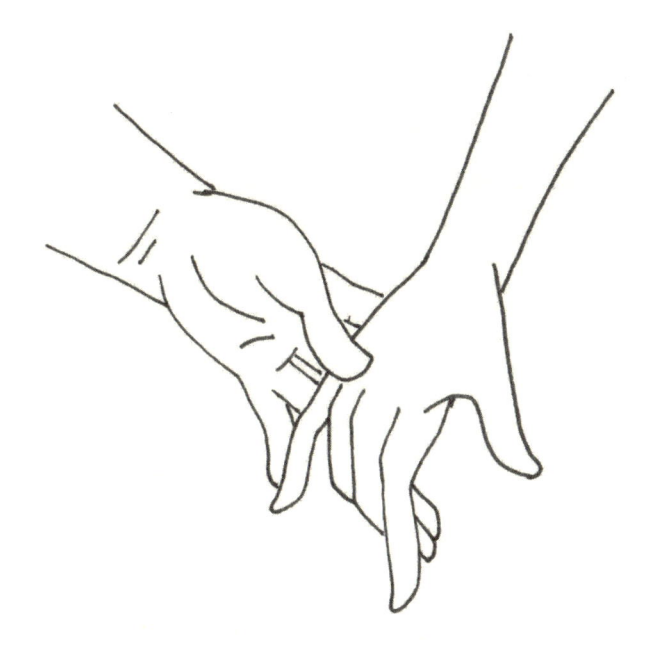

Ela é forte, mas ela também precisa de colo,
vez em quando.

Moça,

sai desse cativeiro. Não seja mais escrava dessa dor. Já não tem mais onde te machucarem. Vai! Agora! Não olha para os lados. É hora de se permitir e de arriscar porque Deus sabe que lá no fundo ainda não conseguiram matar o que tu tens de mais sagrado: a tua fé.

ORAÇÃO DA AUTOACEITAÇÃO

Eu não sou obrigada.

Eu sinto raiva, vontade de brigar e de chorar.

Eu choro, oscilo e desabo. Eu me permito.

Eu me perdoo. Eu me aceito.

Eu não sou máquina de resiliência nem de perdão.

Eu sou imperfeita.

Eu não sou tudo aquilo que você espera de mim.

Sinto muito e lamento dizer, mas eu sou real.

Sinto muito e tenho orgulho de dizer: eu sou de verdade.

A SENTENÇA DE DEUS

Ele te absolveu dos pecados e te condenou a ser feliz.

CAPÍTULO 3
ELE TE AMA

DEUS HONRA

Continue firme mesmo quando o cansaço bater. Continue com fé, mesmo quando não tiver mais esperança. Continue sonhando mesmo que a realidade seja tão dura. E continue lutando mesmo que a sua arma seja somente a vontade de viver mais um dia. Só continue porque Deus te ama e vai te honrar.

ORAÇÃO DO AMOR-PRÓPRIO

A cada mergulho em mim, descubro uma fortaleza ainda maior.

A cada inspiração profunda, me visto de energia boa, pura e renovada.

Estou cada vez mais blindado.

Sou o meu próprio guia.

Sou o meu próprio destino.

Faço o meu caminho, no meu ritmo.

Sem padrões, sem expectativas.

Sou a parte que me falta,

O meu encaixe perfeito.

E diante do espelho eu afirmo:

Eu sou a minha alma gêmea.

Sabe, nunca tenha vergonha das cicatrizes que o passado deixou em você. No fundo quando olhar pra elas imagine como se Deus estivesse te dizendo: "Tá vendo, filha, como você é forte, como você é capaz de ressurgir, de recomeçar e sorrir de novo!".

A FLOR

Você nasceu pra ser flor, encanta por onde passa e decora qualquer ambiente onde esteja. Mas se engana quem pensa que a sua maior beleza está nas pétalas. Na verdade está na raiz, que é pura, forte e fértil pra florescer amor.

Talvez nem você acredite, mas eu não vou deixar de insistir em dizer: você é incrível!

Ass.: Deus

Dedo podre que nada. O dedo dela merece é uma bela aliança. Podre é quem brinca com um coração de quem é de verdade.

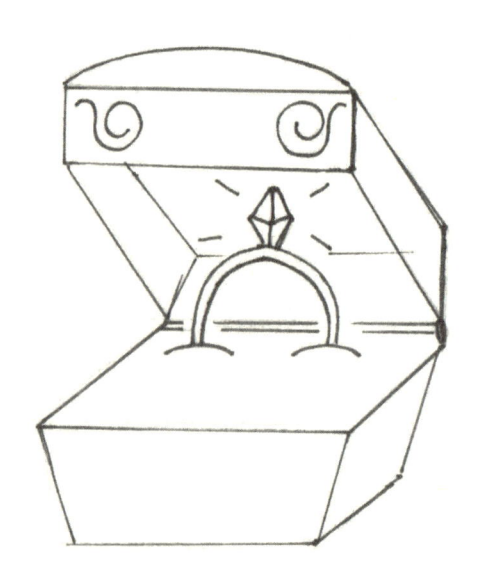

AMOR-PRÓPRIO

É colocar a roupa que te faz bem. Uma lingerie que te faz se sentir gostosa. Um batom que realce o teu sorriso. Depois ir no espelho, fazer aquele "carão", tirar aquela "fotona", publicar nas redes sociais, sem se importar com a opinião alheia e sair por aí de boa, distribuindo simpatia e beijinho no ombro.

Ela orou baixinho e Deus sussurrou dizendo: "Confia na tua fé e segue firme. Eu sempre estou indo na tua frente iluminando os teus passos, abençoando as tuas decisões e te direcionando para os caminhos da felicidade".

Bendito é aquele que mesmo cansado, acorda cedo, multiplica a sua força na fé e ainda mantém um inabalável sorriso no rosto.

É DEUS QUE ESTÁ DIZENDO

Hoje está iniciando um ciclo de ouro na sua vida. Seja grato e prepare o coração, pois coisas especiais irão acontecer. Serão dias de felicidade em abundância.

Que sorte a dela. Acordou orando e ouviu de Deus que Ele vai protegê-la de todo o mal, que ela vai superar o medo, vencer o desânimo e que terá um dia lindo como um jardim cheio de flores.

DIÁRIO DE DEUS

Está escrito aqui que você está entrando na sua melhor fase e que um novo amor está prestes a invadir o seu coração: O PRÓPRIO.

Se Deus te permitiu mais um dia de vida: alegria! Ele está te capacitando e te guiando para um caminho lindo e especial que é sob medida para você.

Moça, o teu corpo é solo sagrado. Quem não te conquista a alma não merece te tocar.

Bênção é ter alguém na vida que te diz:
"EU ME IMPORTO".
"Eu estou aqui, tá?"

Ass.: Deus

Aquele "mozão" que você tem que respeitar: O PRÓPRIO.

Hoje ela é feliz exatamente com o que tem. Ela sabe que até o que perdeu, no fundo, foi um lindo presente que ganhou de Deus.

TE DESEJO PARA HOJE E SEMPRE:

Um "parei de me importar".

Um "superei".

Um "tô bem".

Um "me organizei".

Um "lindo recomeço".

Uma "reciprocidade para o amor que vai chegar".

Quem você gostaria pode não ter sido recíproco, mas o universo será. Ele não falha. Por isso continue doando amor, sem receios e confie que o retorno é certo. Tudo vem quando você mais precisar e menos esperar.

Calma! Logo, logo você vai entender que aquilo que não foi livramento, foi bênção ou, quem sabe, os dois.

ORAÇÃO DE TODOS OS DIAS

Que hoje você seja diferença na vida de alguém, que seja recíproco ao universo praticando o bem. Que seu dia seja intensamente preenchido por amor, gentileza e gratidão. Que você possa olhar nos olhos das pessoas, abraçar, dedicar atenção plena, servir e cuidar. Que a sua áurea linda seja blindada de qualquer energia negativa e que a sua fé inabalável seja a sua força pra seguir até o final deste dia, sempre com um sorriso no rosto e alegria no coração. Amém.

Amor recíproco ela tem de Deus.

Moça,

você não perdeu ninguém. Você ganhou o seu amor-
-próprio e a sua liberdade. Faz um favor: não deixa
mais que ninguém te tire isso, ok?

1. Bloquear pensamentos ruins.
2. Parar de seguir quem não te soma.
3. Sumir de quem não te merece.

Esses são os 3 passos para eliminar energias negativas da sua vida.

DETOX

Ore sempre antes de dormir. Todo sono é tranquilo quando Deus é quem embala.

O sofrimento tem seu lado bom. A gente cria uma intimidade tão grande com Deus, que a nossa fé fica inabalável.

Ela tem um sorriso teimoso que incomoda muita gente, mas está tudo certo. Ele agrada a Deus.

Não adianta, ninguém sabe o que você está passando, muito menos o quanto você merece superar e ser feliz. Por isso, levante a cabeça e siga, que Ele está indo na frente, abrindo caminho para você.

BENDITA

Aquela que é fiel a si mesma, que é leal aos seus sonhos e desejos, que não falsifica a sua felicidade e não aprisiona a sua alma pra se encaixar em hábitos e padrões. Bendita aquela que se empodera sem perder a doçura, que se encoraja sem perder o sorriso. Bendita aquela que segue inabalável, abençoada e com fé, se permitindo ser feliz.

"SINS" DE DEUS

Hoje ela chora os "nãos" da vida. Mal sabe ela que amanhã vai sorrir ao descobrir que eram todos "sins" de Deus.

Por trás de uma grande mulher sempre haverá um coração cheio de amor-próprio.

QUE A SUA VIDA SEJA REPLETA DE:

"Eu te aceito"

"Eu te compreendo"

"Eu não te jugo"

"Eu não te critico"

"Eu te respeito"

"Eu te quero bem"

"Eu te amo do teu jeito".

DESEJO DE VIDA

Que você tenha um casamento real com você mesma. Que se olhe no espelho e diga: "Você está maravilhosa! Eu tenho tanta sorte".

Deus já abençoou esta relação.

Sinto falta do teu sorriso, da tua alegria de viver, da tua gargalhada gostosa, da tua vaidade, do teu batom na boca, do teu cabelo arrumado e do teu rosto maquiado. Sinto falta da tua alma leve e cheia de brilho... enfim, sinto falta de quando você me queria perto e me valorizava. Sinto falta de você antes dessa dor.

Ass.: Seu Amor-próprio

CAPÍTULO 4
ELE TE CURA

VERDADES QUE CURAM

Ei, esse ciclo já acabou! Coragem pra aceitar. Se abraça com a tristeza e vive o luto. A vida é infinitamente maior do que a sua dor. Eu sei, parece que você não vai conseguir, mas te garanto que vai. Faz assim: olha pra você, enxerga a tua beleza, volta a se amar e a se apaixonar por ti. Ressignifica esse fim e se abre para um recomeço cheio de novidades incríveis. Faz isso, vai! Vive esse luto hoje, descansa e amanhã você recomeça mais forte. Ele já pôs a mão, tá? Tenha fé.

Quem descansa em Deus acorda feliz.

ORAÇÃO DO EQUILÍBRIO

Hoje será um dia calmo, de muita paz no teu espírito, de equilíbrio mental com o Maior refazendo o teu caos interior e agindo como curativo para tudo aquilo que te fez mal. Tudo vai se ressignificar e a tua harmonia íntima vai retornar fortemente.

Ela banca a própria vida. É livre. É dona de si. Ela se aceita e parou de querer ser aceita. Ela não quer ser mais o amor perfeito de ninguém, nem busca um lugar na vida do outro. Ela se preenche. Ela é plena. Ela se é suficiente. Ela é feliz.

O universo mandou te dizer que a lei do retorno não falha. E mesmo que as pessoas bondosas sofram mais, tudo de melhor vai voltar pra ti na hora certa e no dia ideal.

Ela está muito mais bonita

Assumiu suas estrias

Reconheceu as celulites

Confessa que encolhe a barriga quando vai tirar fotos

Passou a aceitar suas imperfeições

Parou de se submeter

Se apaixonou por si de novo

Está livre e se amando

Ela está muito mais bonita

Por quê?

Simples: ela é de verdade.

ESCUTA AQUI

Você já tentou do seu jeito e viu que não deu certo. Deixa Deus tentar fazer do jeito dele agora. Só entrega e confia, tá?

Para de esperar a mensagem que não vai chegar.

Aceita o fim.

Vive o luto.

Recomeça.

                                                      Ass.: A cura

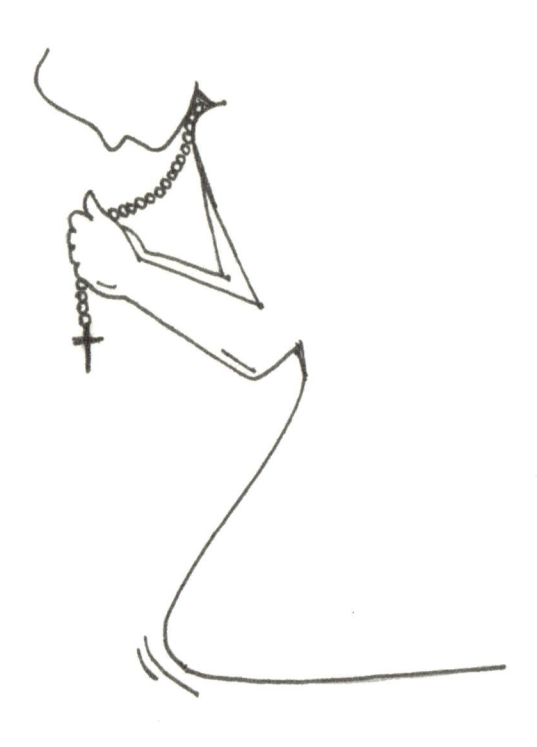

Quando a oração é forte, a fé transborda e Deus opera milagres incríveis.

O problema de abrir o coração para amar novamente é que se abre junto a chance de se machucar de novo. Mas pensando bem, é melhor correr o risco e abrir as portas para um novo hóspede do que ficar sofrendo com o coração ocupado por alguém que só te causa dor.

A cada dia que passa você fica mais próximo do seu milagre. Nem pense em desistir. Está muito perto. Ele vai honrar você.

Ela aprendeu que os grandes sofrimentos sempre causam grandes transformações. Evolução, força, resiliência, autoconhecimento, autoamor e gratidão, por exemplo. É como se cada furacão dentro dela levasse tudo de ruim e deixasse somente o essencial para se ter uma alma leve e em paz.

Ele continua fã de quem se supera, de quem se ressignifica, de quem volta a sorrir e recomeça ainda mais forte.

OLHA SÓ

Lembrei agora de te dizer pra você sair dessa cama, tomar um belo banho, colocar a sua melhor roupa, o seu melhor perfume, fazer uma linda maquiagem com aquele batom vermelho e se amar por aí, você e a sua liberdade.

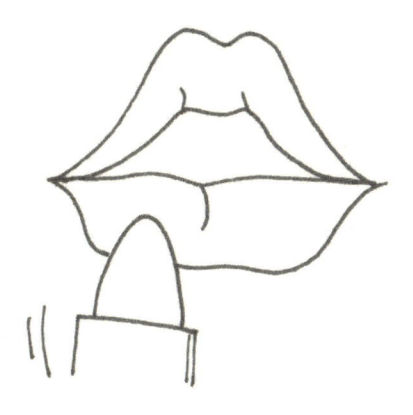

Para Deus sempre haverá um amanhã, um recomeço e um milagre reservado para você.

10 PASSOS PARA SUPERAR

1. Aceita a tua tristeza.
2. Vive o luto.
3. Paciência com o teu sofrimento.
4. Respeita o teu tempo.
5. Abraça o desapego.
6. Assume o teu sacrifício.
7. Se reinventa.
8. Se permita novamente.
9. Abre o teu coração.
10. Fé no recomeço.

PRESENTES PARA HOJE

Abençoo as tuas lutas.

Multiplico as tuas vitórias.

Curo as tuas dores.

Ass.: Deus

PALAVRAS TEM PODER

Então repita assim: hoje eu estou protegido e determinado a ser feliz. Hoje eu venho trazendo paz... bem leve. Hoje eu coloquei Deus no meu sorriso. Amém.

Maturidade é lidar com o fim dos ciclos, sobretudo, quando ainda se ama.

Ass.: Deus

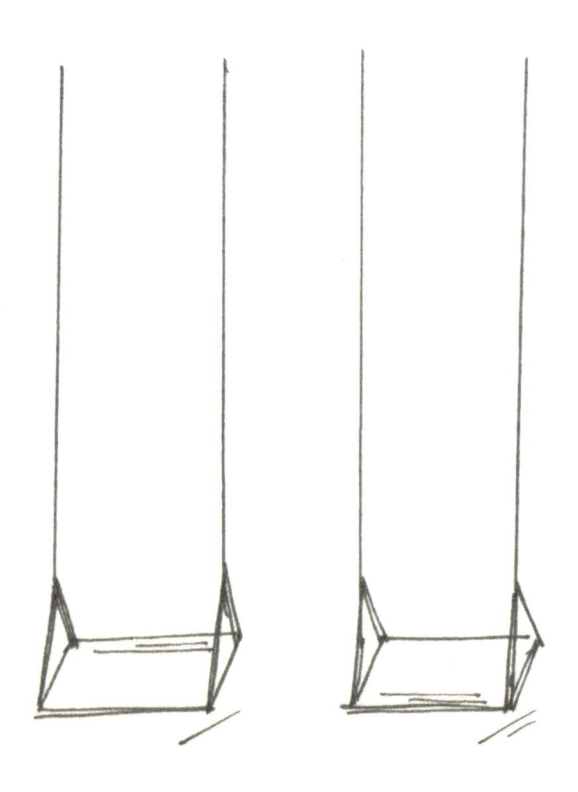

Não será fácil, mas você retornará muito mais forte.

Ass.: Deus

E assim, ela vai superando, se superando, um dia de cada vez, batalha por batalha, cicatrizando e se curando. Tem dia que tá ruim, tem dia que tá melhor. Hoje ela tá bem.

A CURA

Amigos, conselhos, terapia e colo de mãe. Tudo isso ajuda, mas o que faz superar mesmo é a força da tua conexão com Deus.

PRA SER FELIZ, DESISTA

Desista de tentar ser aceito.

Desista de tentar ser reconhecido.

Desista de tentar se encaixar no mundo de quem quer que seja.

Desista de querer pertencer a alguém.

Desista de querer preencher as pessoas.

ORAÇÃO DA PAZ INTERIOR

Eu desacelero

Eu ressignifico

Eu aceito

Eu me dou um tempo

Eu também oscilo

Eu respeito os meus intervalos

Eu sou imperfeito

Eu me perdoo

Eu me amo

Eu sou grato

Amém.

TOME NOTA, MOÇA

Não é um "amor" que vai resolver a tua vida, mas, sim, o amor por você e pela vida que vai te fazer plena e feliz.

PARA A AUTOCURA

Conviva mais com você mesmo.

Se cobre menos.

Se perdoe mais.

Se dê novas chances.

Se conecte só com quem é paz.

Sem pressa e sem expectativas.

Se desarme para o novo.

Arrisque recomeçar mesmo com medo.

Agradeça e comemore cada passo além.

Ore sempre.

"Caiu? Levante e recomece mais forte."

Sofre calado, não. Divide com Deus.
Ele te fortalece e te faz superar.

Parei de me importar

Deixei ir

O mundo girou

A vida seguiu

Tô bem!

                                            Ass.: Novo Ciclo

REPARE

Quando você começa a sorrir daquilo que um dia te fez chorar, é Deus obrando o milagre da "volta por cima" em sua vida.

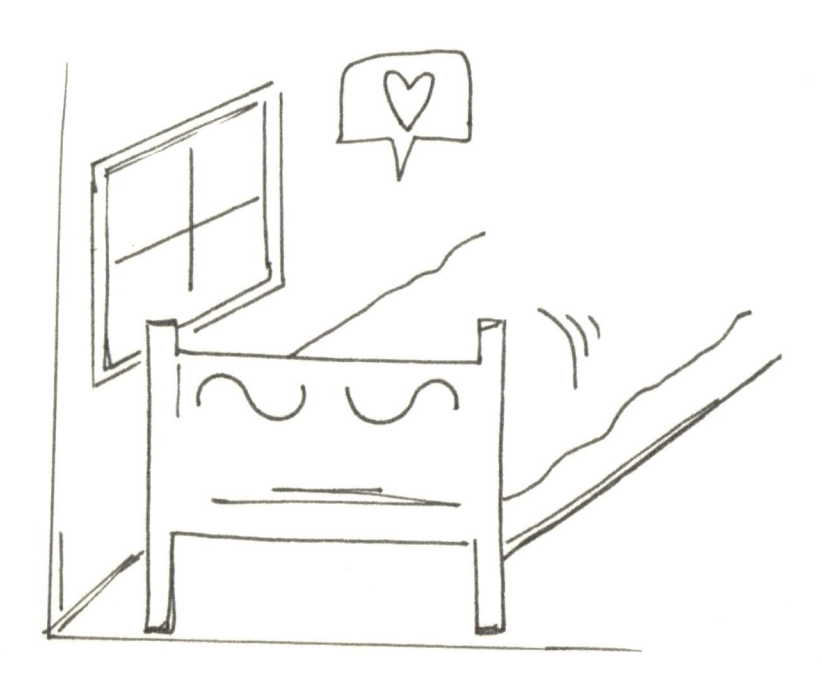

Você ainda vai se deitar nessa cama onde tanto chorou, vai olhar para o teto, botar um sorriso no rosto e dizer: "Deus, eu tô bem. Obrigado por nunca ter desistido de mim".

Ei, chegou a hora de você se despedir dessa dor. A sua agonia está chegando ao fim. Deixe esse sofrimento ir embora. Não tem mais onde doer em você. Eu sei que sair desse quarto escuro não é fácil. Dá medo mesmo. Muito medo. Mas é exatamente nessa travessia que está a sua cura. Lá fora tem luz do bem pra te receber e te conduzir. Você não estará só. Mesmo não fazendo sentido agora, acredite. A sua missão está lá. É tempo de cura. O ciclo da dor chegou ao fim. Você está livre!

Ei, Deus te entende até mesmo quando o corpo não consegue mais expressar.
É nessa hora que só Ele consegue enxergar a tua alma.
E é nessa hora que Ele realiza o teu milagre.

Calma! Ele está cuidando do seu milagre, e você cuide apenas de não desistir dos seus sonhos.

Com Deus no coração nunca haverá solidão.

Cansado, mas continuo de fé.

Cuidar de alguém é a oração de amor mais linda que Deus já inventou.

A certeza de que toda escuridão se faz luz quando Deus põe a mão e toda angústia se desfaz quando O encontramos em oração.

Quando um coração não suporta só Deus conforta.

Quando Deus é teu guia, o medo se perde pelo caminho.

Resiliência é aguentar porrada da vida e continuar de fé.

Moça,

um corpo que ora tem força pra continuar.

PRECE DA CURA

Respire fundo e perceba o que a vida já te deu de bom. Abrace a aceitação do que não deu certo. Busque o que pra ti é fonte de alegria. Que ondas de paz invadam o teu coração. Que você olhe mais pra dentro de si. Que oscile menos, que desacelere e que repouse mais. Que a vontade de ser feliz seja maior do que qualquer medo. Faz assim: perdoe, seja grato, ajude alguém e se conecte com o amor. Esvazie a tua mente e deixe ir o que não te agrega mais. Amém.

7 PASSOS PARA ORGANIZAR A SUA BAGUNÇA

1. Conecta a tua alma a Deus através da oração.
2. Tira das costas essa bagagem chamada ansiedade.
3. Troca por algo mais leve, tipo gratidão.
4. Tira da cabeça ideias fixas e pensamentos negativos que só te causam angústia.
5. Troca por pensamentos que te colocam pra cima e te causam alívio.
6. Vai lá no coração e tira algumas coisas que só ocupam espaço, como orgulho, rancor e medo. E deixa espaço para o novo entrar.
7. Fé no recomeço.

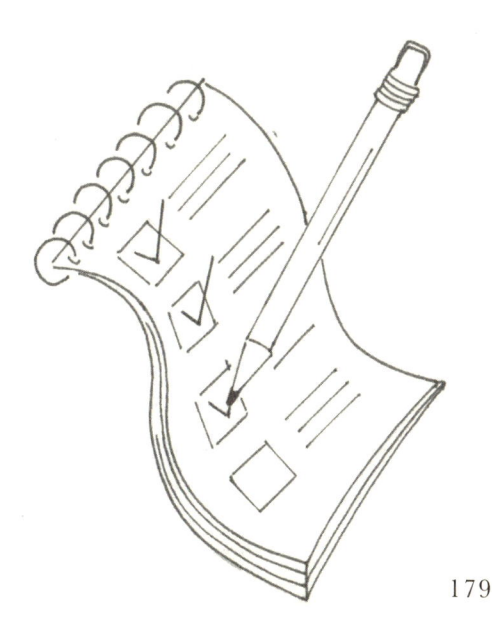

Um trincadinho aqui, outro arranhão ali. A vida não cansa de bater. Ela perdeu as contas do tanto que já se quebrou nesta vida, mas ela não desiste. Muitas vezes demora, mas ela sempre recolhe todos os cacos, junta um por um e só para quando coloca tudo no seu lugar novamente. A vida pode bater, mas ela não cansa de se reinventar e recomeçar.

Com Deus no coração nunca haverá solidão.

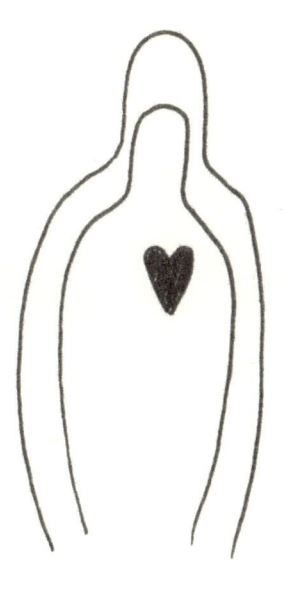

A oração é um carregador portátil da alma.

ELA

O corpo?

"Tem celulite e estria."

A alma?

"Tem um monte de cicatriz."

E o coração?

"Continua lindo e cheio de fé no amor."

ORAÇÃO DA RESSIGNIFICAÇÃO

Senhor, foi na dor que Tu me ensinaste o verdadeiro significado do amor, por isso que é na fraqueza que eu me fortaleço em Ti.

Do outro lado da fé sempre haverá uma flor.

Gente de fé costuma ser mais bonita.

A MOÇA CACTO

Ela tem o coração cheio de cicatrizes e a alma repleta de espinhos que a vida plantou. Tem dia que a fé tá cansada. Tem dia que a esperança tá sem força.
Mas ela resiste. Resista à dor, resiste ao sofrimento, resiste ao tempo. E quase ninguém a nota!
Porém ela está sempre ali e ainda com uma única flor que insiste em ficar entre espinhos.
Talvez seja pra mostrar que apesar de lá fora ser um deserto de amor e reciprocidade, dentro dela ainda existe muito amor e vontade de ser feliz.

Gratidão até pelos dias difíceis e pelas noites maldormidas. Em todos esses momentos a gente chega pertinho de Deus, se encosta Nele e sente o cheiro de paz... a sua fortaleza. O papo flui tanto... isso só aumenta a nossa sintonia e fortalece a nossa amizade. A gente sempre sai mais forte desses encontros com Ele.

Enfim, ela percebeu que o "deixar ir" foi trocar a angústia de um momento pela paz de uma vida.

"Nossa, ela está tão linda! O que ela fez?"
Deus: "Parou de se submeter".

EI, FAZ ASSIM:

Deixa pra lá, só por hoje. Daqui a pouco, você consegue deixar por uma vida inteira.

Ass.: Deus

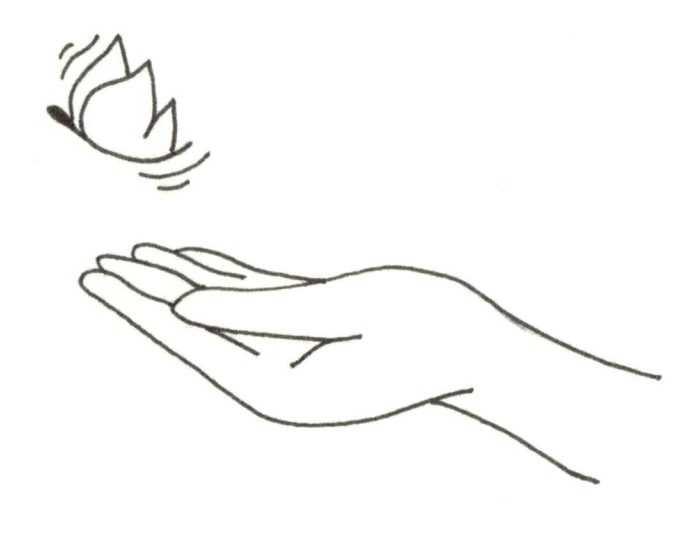

Ela sossegou. Deixou ir quem não queria ficar. Deixou no passado quem não queria estar no presente. Ela virou a página e começou um novo capítulo. Agora é só sossego. Ela está bem demais.

Moça,

você continua com a mesma capacidade de seguir. O seu coração viveu durante anos sem ninguém. Ele saberá bater sozinho novamente.

BREVE AVISO

Dar a volta por cima não é ver o outro sofrer o que um dia você sofreu. Dar a volta por cima é poder contar a história com um sorriso de quem percebeu que a vida é muito maior do que uma decepção.

DICA DELE

Moça, quanto mais pressa você tiver de chamar alguém de seu amor, maior é o risco desse "amor" virar uma decepção.

SE CUROU

Ela se internou no seu amor-próprio, parou de ser usuária do próprio sofrimento e finalmente largou o vício de enxergar a dor como um problema de estimação. Ela se curou.

Por ora
Ore
Que uma hora
A dor melhora
E logo
Vai embora.

Ei,

Onde precisa doer mais para você começar a ter dó de si mesma?

P.S.: Não é egoísmo. É necessidade. É amor-próprio, tudo bem?

Sempre que o destino me joga pedras, eu faço delas canteiro e planto flores.

Ass.: Resiliência

FLOR

Cada dor que a fizeram foi um espinho que ela usou para se defender. Ela transformou todos eles num talo forte e virou uma flor linda e cheia de vida.

À noite parece que tudo fica mais bagunçado. Daí você fecha os olhos, faz uma oração e conversa com Deus. Então Ele vem, te organiza, te põe pra dormir e fala baixinho: "Só descansa, amanhã a gente tenta de novo".

Ela está seguindo o método.
Aprendendo a dizer não, a diminuir as expectativas
e não se importar mais tanto. Hoje, ela só observa,
deixa ir quem não soma e some de quem não a valoriza.
Sabe, ela tem conseguido cada vez mais não seguir o fluxo,
mas, sim, os seus sonhos. Enfim, aos poucos ela tem
aprendido
a ser feliz.

Só quem aguenta passar pelo inverno tem a alegria de ver o quão belo é a primavera.

Maturidade é aprender com cada ferida
e ter orgulho por cada cicatriz.

BREVE AVISO II

Quem não se ama direito, acaba sendo "amado" de qualquer jeito pelos outros.

Chega uma hora que vai dando uma preguiça de discutir, de se importar...

A gente vai ficando com preguiça de fingir, de maquiar a nossa felicidade, de se encantar por expectativas e de viver fantasias. Uma hora a gente cansa e passa a enxergar a vida sem filtro, passa a ver graça só no que realmente é de verdade.

Ass.: Maturidade

Ei!

Descanse hoje, que na minha agenda aqui tem anotado que amanhã é dia de glória.

Gordinha ou magrinha

Branca ou morena

Novinha ou velhinha

Não adianta!

A curva mais linda dela sempre será o coração.

HOJE ELA SÓ ANDA ARMADA

Ela acorda cedo, sempre com um sonho no coração.

Coloca um sorriso no rosto, daqueles capaz de tocar a alma de alguém.

Bota amor em cada gesto e em cada palavra que sai de sua boca.

E certa de que irá vencer, é assim que ela se arma para enfrentar mais um dia de luta.

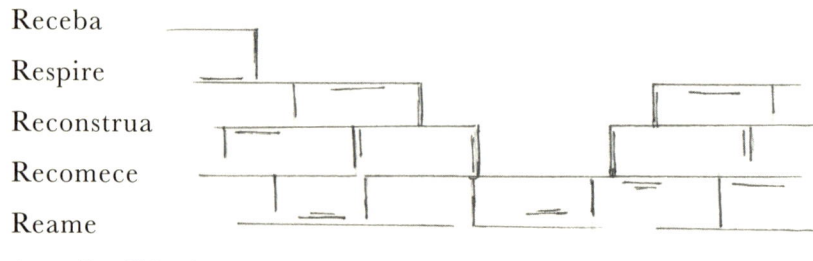

Receba
Respire
Reconstrua
Recomece
Reame
Ass.: Resiliência

SUPERANDO FASES

Um passo de cada vez.

Um dia de cada vez.

Paciência com o seu momento.

Pare de tentar entender.

Busque aceitar.

Ame a sua solidão.

Você é forte, só está cansada.

Descansa.

Ore com fé.

Amanhã é outro dia.

Quando tiver doendo, lembra que um dia a flor precisou resistir à tempestade para poder desabrochar e exibir toda a sua beleza.

Hoje ela só se submete a um único amor: O PRÓPRIO.

CAPÍTULO 5

A LISTA VIP

A ESCOLHIDA

Você foi a pessoa escolhida de Deus para lutar, cair, levantar, chorar, sorrir, amar e, no fim, fazer da sua vida uma linda história de superação. Você está na lista VIP de Deus e Ele ama exatamente o que tem dentro de você e que ninguém vê. E é isso o que realmente importa.

A PROTEGIDA

Ela é senhora do próprio destino
Banca a própria liberdade.
Não "dança conforme a música".
É ela quem inventa o ritmo.
Ela "não deixa a vida me levar".
Ela é a própria vida.
Ela tem a alma carregada de fé
E o coração cheio de Deus.
Por isso segue leve e sem medo
de ser feliz.

Ao invés de reclamar da noite maldormida, que você agradeça pela bênção de estar acordado.

Sonhe grande. O teu Deus é do tamanho do teu sonho.

EI, PSIU!

Não importa o tamanho da tua cruz. Se Deus te deu a missão de carregá-la, é porque Ele sabe que você conseguirá. Por isso, não O decepcione.
Não desista!
No fim, o seu exemplo vai inspirar o mundo.

POR ELE, SEMPRE

Joelhos no chão, Fé e Gratidão.

Calma! Eu ainda estou aqui.

Ass.: Deus

Pra quem tem FÉ o final sempre será feliz.

Copyright © Alexandre Nolleto, 2019
Copyright © Editora Planeta do Brasil, 2019
Todos os direitos reservados

Preparação: Project Nine Editorial
Revisão: Departamento editorial Planeta do Brasil
Diagramação: Márcia Matos
Ilustração de capa e miolo: Wellina Nolleto
Capa: Estúdio AS

DADOS INTERNACIONAIS DE CATALOGAÇÃO NA PUBLICAÇÃO (CIP)
ANGÉLICA ILACQUA CRB-8/7057

Nolleto, Alexandre
  Você está na lista VIP de Deus / Alexandre Nolleto ; ilustrações de Wellina Nolleto. – São Paulo : Planeta, 2019.
  224 p.

ISBN: 978-85-422-1585-4

1. Mensagens - Deus 2. Poesia 3. Encorajamento 4. Autoestima 5. Felicidade I. Título II. Nolleto, Wellina

19-0386   CDD 158.1

Acreditamos
nos livros

Este livro foi composto em Baskerville e impresso pela Gráfica Santa Marta para a Editora Planeta do Brasil em março de 2019.

2019
Todos os direitos desta edição reservados à
Editora Planeta do Brasil Ltda.
Bela Cintra, 986 - 4º andar
Consolação
01415-002 – São Paulo-SP
www.planetadelivros.com.br
atendimento@editoraplaneta.com.br